L'AUBERGE
DE LA VIE

PROVERBE EN UN ACTE

PAR

ALPHONSE KARR

PARIS
MICHEL LÉVY FRÈRES, ÉDITEURS
RUE VIVIENNE, 2 BIS, ET BOULEVARD DES ITALIENS, 15
A LA LIBRAIRIE NOUVELLE
—
MDCCCLXX

L'AUBERGE
DE LA VIE

PROVERBE

Représenté une fois à Nice par des amis, chez des amis.

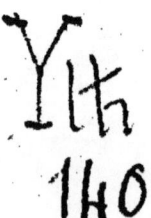

ŒUVRES COMPLÈTES
D'ALPHONSE KARR
PUBLIÉES DANS LA COLLECTION MICHEL LÉVY

AGATHE ET CÉCILE...................................	1 vol.
LE CHEMIN LE PLUS COURT........................	1 —
CLOTILDE..	1 —
CLOVIS GOSSELIN.....................................	1 —
CONTES ET NOUVELLES..............................	1 —
LES DENTS DU DRAGON..............................	1 —
DEVANT LES TISONS..................................	1 —
LA FAMILLE ALAIN....................................	1 —
LES FEMMES..	1 —
ENCORE LES FEMMES.................................	1 —
FEU BRESSIER..	1 —
LES FLEURS...	1 —
GENEVIÈVE...	1 —
LES GUÊPES..	6 —
HORTENSE...	1 —
MENUS PROPOS..	1 —
MIDI A QUATORZE HEURES.........................	1 —
LA PÊCHE EN EAU DOUCE ET EN EAU SALÉE....	1 —
LA PÉNÉLOPE NORMANDE...........................	1 —
UNE POIGNÉE DE VÉRITÉS..........................	1 —
PROMENADES AUTOUR DE MON JARDIN..........	1 —
RAOUL...	1 —
ROSES NOIRES ET ROSES BLEUES.................	1 —
LES SOIRÉES DE SAINTE-ADRESSE................	1 —
SOUS LES ORANGERS................................	1 —
SOUS LES TILLEULS..................................	1 —
TROIS CENTS PAGES..................................	1 —
VOYAGE AUTOUR DE MON JARDIN.................	1 —

ŒUVRES NOUVELLES D'ALPHONSE KARR
Format grand in-18

DE LOIN ET DE PRÈS (2e édition)...................	1 —
EN FUMANT (3e édition).............................	1 —
LETTRES ÉCRITES DE MON JARDIN................	1 —
LA MAISON CLOSE.....................................	1 —
SUR LA PLAGE (2e édition)..........................	1 —

Clichy.—Impr. M. Loignon, Paul Dupont et Cie, rue du Bac-d'Asnières, 12.

L'AUBERGE DE LA VIE

PROVERBE EN UN ACTE

PAR

ALPHONSE KARR

PARIS
MICHEL LÉVY FRÈRES, ÉDITEURS.
RUE VIVIENNE, 2 BIS, ET BOULEVARD DES ITALIENS, 15
A LA LIBRAIRIE NOUVELLE
—
1869
Droits de reproduction, de traduction et de représentation réservés.

PERSONNAGES

PHILÉMATHÉE, servante d'auberge.. P^{sse} Marie Dolgoroukoy.
ÉCASTANDRE, voyageur............... P^{ce} N. Dolgoroukoy.
CHRONON, conducteur................ P^{ce} Alex. Stirbey.
UN VOYAGEUR, rôle muet............ Alphonse Karr.

L'AUBERGE DE LA VIE

Philémathée, φιλημα, baiser.
Écas'andre, έκαστος ανηρ, chaque homme
Chronon, χρονος, le temps.
Théoctiste, θεοκτιστος, bâti par Dieu.

SCÈNE PREMIÈRE

CHRONON, PHILÉMATHÉE.

CHRONON. Bonjour, belle Philémathée ! toujours le même soin pour orner le séjour de mes voyageurs.

PHILÉMATHÉE. La maison n'est pas belle, et,

sans les fleurs dont je l'égaye, vos voyageurs passeraient tristement les quelques instants que vous leur accordez.

CHRONON. Avez-vous fait le lit de celui que j'amène? vous savez : une demi-heure pour dîner, une heure pour se reposer, et on part; les chevaux sont bien vite à la voiture.

PHILÉMATHÉE. Tout est prêt. — Mais votre voyageur, que j'ai vu par la fenêtre, paraît déjà fatigué; ne le laisserez-vous pas plus long-temps?

CHRONON. Jamais!

PHILÉMATHÉE. On a bien raison de vous appeler Grognon.

CHRONON. Chronon, la belle enfant, s'il vous plaît.

SCÈNE II

Les Mêmes, ÉCASTANDRE.

ÉCASTANDRE. Eh bien, non, alors!

CHRONON. Qu'avez-vous, mon voyageur? vous paraissez bien en colère.

ÉCASTANDRE. Il y a bien de quoi! Ne prétend-on pas me placer au bas bout de la table? Je veux une place honorable, ou je préfère ne pas dîner.

CHRONON. Comme vous voudrez; alors, reposez-vous. Mais n'oubliez pas qu'il y a déjà un quart d'heure que nous sommes arrivés. Pour moi, je vais donner un peu d'avoine à mes chevaux, qui sont plus raisonnables que vous et trouveront l'avoine aussi bonne à droite qu'à gauche dans leur mangeoire.

Chronon sort.

SCÈNE III

ÉCASTANDRE, PHILÉMATHÉE.

ÉCASTANDRE. Ne voilà-t-il pas de beaux messieurs pour me reléguer au bas bout de la table ! Je leur ferai voir qui je suis. Les insolents !

PHILÉMATHÉE. Monsieur, si vous ne voulez pas dîner avec les autres, on pourrait vous donner à manger dans cette chambre.

ÉCASTANDRE. C'est une excellente idée, la belle enfant ! je mangerai ici.

PHILÉMATHÉE. Je vais mettre votre couvert ; que voulez-vous manger ?

ÉCASTANDRE. Comment s'appelle le maître de cette auberge ?

PHILÉMATHÉE. Il s'appelle Théoctiste... Mais...

ÉCASTANDRE. Que veut dire ce nom ? Il est évidemment grec... *Theos, Dieu.* — Mais *ctiste ;* que signifie *ctiste ?*

PHILÉMATHÉE. Vous feriez peut-être mieux de vous occuper de votre dîner.

ÉCASTANDRE. Demandez s'il y a un lexique grec.

PHILÉMATHÉE. Je ne crois pas, monsieur; mais il y a des côtelettes de pré-salé, des haricots de Soissons, du fromage de Brie et du dessert.

ÉCASTANDRE. *Cliste!*... qui pourra me dire le sens de *cliste?* — Ma belle enfant, voulez-vous me rendre le service d'envoyer tout de suite un garçon chez un libraire demander un lexique, un dictionnaire grec?

PHILÉMATHÉE. J'y vais, monsieur; mais, vrai, vous feriez mieux... Enfin, comme vous voudrez. — En même temps, je commanderai votre dîner. — Avez-vous décidé ce que vous mangerez?

ÉCASTANDRE. Je voudrais manger une bécasse.

PHILÉMATHÉE. Je ne sais s'il y en aura.

ÉCASTANDRE. S'il n'y en a pas ici, il y en a ailleurs. Qu'on en fasse chercher.

PHILÉMATHÉE. Mais, monsieur, vous oubliez...

ÉCASTANDRE. Non... mon dîner me prendra un peu plus de temps; mais je dormirai plus vite, voilà tout.

SCÈNE IV

ÉCASTANDRE, seul.

ÉCASTANDRE. Ah! la charmante fille! quel joli dîner je ferais si elle s'asseyait à la même table que moi! J'ai envie de le lui demander. *Ctiste?...* Il faut absolument que je sache ce que veut dire *Théoctiste...* Et la lettre *M* qui est devant le nom sur l'enseigne, est-ce Marius, Mardochée, Marie?... Il y a des hommes qui s'appellent Marie; j'en ai connu. Je ne quitterai pas cette auberge sans savoir ce que signifie cette lettre *M...*

Et cette belle fille! quel plaisir de la voir là, en face de moi! de boire du vin de Syracuse dans le verre où elle aurait trempé ses lèvres! Décidément, je vais la prier de dîner avec moi. — Mais, voyons un peu, comment vais-je lui faire ma proposition. Si je lui faisais mon invitation en vers? C'est une idée, cela.

Voyons un peu.

Belle Philémathée...

J'ai entendu en bas qu'on l'appelle Philémathée. — Singulier nom!

Belle Philémathée, ange, déesse ou femme!

J'aimerais mieux :

Déesse, ange ou mieux femme!

Mais j'ai besoin d'une voyelle pour élider le second *e* de Philémathée... Ah bien, je le supprime au lieu de l'élider. Il y a des exemples; Circé, Daphné, Astarté.

Belle Philémathé, déesse, ange ou mieux femme!

Une rime à *femme?*

Je voudrais éviter *âme* et *flamme*; c'est trop vulgaire.

Verse avec ce nectar...

SCÈNE V

CHRONON, ÉCASTANDRE.

CHRONON. Ah çà! mon voyageur, vous savez que les moments passent vite? — Mes chevaux noirs piaffent et voudraient manger du pavé... Pensez...

ÉCASTANDRE. Ah! vous arrivez à propos; donnez-moi une rime à *femme*.

CHRONON. Il ne s'agit pas de rime, mais de raison. Regardez la pendule.

ÉCASTANDRE. Au besoin, je mettrai *flamme*. Et puis une femme ne trouve mauvais que les vers que l'on fait pour une autre qu'elle.

CHRONON. Vous êtes averti. Ceux d'en bas ont fini de dîner.

SCÈNE VI

Les Mêmes, PHILÉMATHÉE,
portant des assiettes.

PHILÉMATHÉE. Monsieur, on est allé chercher le lexique, et on va monter, non pas une bécasse, mais deux bécassines. — Grognon, faites-moi donc le plaisir de les monter, pendant que je vais mettre le couvert de monsieur.

ÉCASTANDRE. Pas de bécasse! c'est contrariant.

Chronon sort

SCÈNE VII

ÉCASTANDRE, PHILÉMATHÉE.

ÉCASTANDRE. Oui, je veux boire du vin de Syracuse avec cette belle fille; je veux la couronner de roses blanches.

Il se lève et sonde.

Garçon, du vin de Syracuse et des roses blanches.

PHILÉMATHÉE. Mais, mon cher monsieur, y pensez-vous? Vraiment, vous m'inspirez de l'intérêt et je crains...

ÉCASTANDRE. Je lui inspire de l'intérêt!... Charmante enfant! Oh! le délicieux dîner que je vais faire avec elle. Quelle grâce, quelle souplesse, quelle harmonie dans les mouvements, quel naturel! — Invitons-la. Mais cette maudite rime!

Pendant ce temps, Philémathée met le couvert, puis se place une fleur dans les cheveux.

Belle Philémathé, déesse, ange ou mieux femme!
Avec le syracuse et le feu de tes yeux,
Achève de troubler, d'incendier mon âme...

Quelle verve! quelle facilité! Encore un vers et je fais mon invitation. Mais ce vin de Syracuse et ces roses blanches? (Il sonne). Garçon!

PHILÉMATHÉE. Que voulez-vous, monsieur?

ÉCASTANDRE. Je vous l'ai dit, ma belle, du vin de Syracuse et des roses blanches.

Elle sort.

SCÈNE VIII

CHRONON, ÉCASTANDRE.

CHRONON. Voici les deux bécassines. Je vous avertis que les autres voyageurs ronflent comme des bienheureux.

ÉCASTANDRE. Eh bien, vos bécassines ne sont pas cuites !

CHRONON. Ça se mange comme ça.

ÉCASTANDRE. Ça se mange comme ça veut, si ça se mange soi-même ; mais, comme c'est moi qui compte les manger...

CHRONON. Pour peu que vous causiez encore, vous ne mangerez pas du tout.

Il sort.

ÉCASTANDRE. *D'incendier mon âme...*

PHILÉMATHÉE, *rentrant*. Monsieur, il n'y a pas

de vin de Syracuse ni de roses blanches; mais on vous offre du vin de Champagne, et il y a là, dans ces vases, des roses de Bengale.

ÉCASTANDRE. Du vin de Champagne!... Et mon vers qui est fait, et qui dit syracuse!

> Avec le syracuse et le feu de tes yeux...

On ne peut pas dire dans le style élevé :

> Avec le champagne...

Et champagne ne peut pas entrer dans le vers. — Ah! une idée!... ah! le beau vers! la belle antithèse! — Le champagne est-il frappé?

PHILÉMATHÉE. Je ne crois pas, monsieur, et puis je ne sais pas ce que c'est.

ÉCASTANDRE. Ah! le beau vers!

> La glace de ce vin et le feu de tes yeux
> Achèvent de...

Il faut absolument, mon enfant, que ce vin soit frappé. — Vous avez de la glace, n'est-ce pas?

PHILÉMATHÉE. Non, monsieur.

ÉCASTANDRE. Ah çà! c'est donc une gargotte, cette auberge? Et ces roses de Bengale! comme des roses blanches auraient mieux fait dans ses cheveux noirs! — Les roses de Bengale iraient mieux à une blonde. Ah! mais... il y avait une blonde dans la voiture. — Celle-ci est pourtant bien charmante! — Mets un second couvert, mon enfant.

PHILÉMATHÉE, A part Oh! mon Dieu, que veut-il faire?

ÉCASTANDRE. Puis demande le champagne, et fais une couronne avec ces roses de Bengale. (Philémathée va pour sortir; Il la rappelle.) Hé! mademoiselle! comment, on me sert des bécassines sans oranges!

PHILÉMATHÉE. Mais on ne nous en demande jamais.

ÉCASTANDRE. Parce que vous ne recevez dans ce mauvais bouchon que des malotrus comme ceux qui sont dans la salle à manger, et qui voulaient me placer au bas bout de la table...

Je ne mangerai pas de bécassines sans oranges.
— Allez, ma belle enfant, du vin de Champagne et des oranges, et revenez ici faire la couronne de roses de Bengale. Ah! en même temps, vous demanderez ce qu'est devenue une femme blonde qui était dans la voiture. (Il bâille.) Je suis vraiment fatigué. (Philémathée sort.) Les roses de Bengale me font décidément pencher pour la blonde. Elle était habillée avec beaucoup de goût, cette blonde; elle sera charmante avec la couronne de roses et une robe blanche; car tout se traduit par des robes dans la vie des femmes. — Tout événement, tout bonheur, tout désastre sert de prétexte à une robe. Une amie donne un bal, *robe;* elle se marie, *robe;* elle meurt, *robe; robe,* et toujours *robe!*

Et puis Philémathée n'est-ce pas une fille d'auberge? Elle est jolie, charmante; elle paraît honnête; mais enfin, ce n'est qu'une fille d'auberge. Tandis que l'autre a un certain air; c'est peut-être une baronne, une comtesse, une princesse. Qui sait? — Et pourquoi ne dinerais-je pas avec une princesse? On a vu des rois épouser des bergères, on le verrait encore si les bergères n'étaient pas devenues défiantes et ne demandaient pas des répondants... Oui, mais comment lui faire agréer...? Ah! les mêmes vers! Et puis, comme dit la chanson :

A Parthenay, il y a une fille...

A cette gentille Philémathée, il ne lui manque que d'être princesse; mais ça lui manque! Et mon vers?... — Ah! J'ai bien sommeil.

PHILÉMATHÉE, rentrant. Voici les oranges et le vin de Champagne, et aussi le gros livre que vous avez demandé; mais ne vous amusez pas à lire, vous ne pourriez pas diner.

Elle tresse la couronne de roses.

ÉCASTANDRE. Ah! le lexique!... *Cliste...* (Il cherche.) *Clizô.* Je fais, je construis; *Théocliste*, fait par Dieu (Il se couche sur le livre et s'assoupit.) Oh! c'est Dieu qui a fait cet aubergiste-là; il faut

que je voie comment Dieu fait les aubergistes.
Il s'endort.

PHILÉMATHÉE. Voici la couronne faite. Si elle était pour moi... — Ah! mon Dieu, il dort! Je n'aurais jamais cru que cet homme-là dormirait. Il me regardait si tendrement! — C'est dommage! la couronne m'aurait bien été. (Elle la met.) Oh! mon Dieu, il ronfle! — mais c'est un scélérat!

ÉCASTANDRE, rêvant. Oui, divine princesse; oui, blonde et ravissante princesse, — j'ai le cœur d'un roi. Plus tard, *au premier trône vacant*, je vous ferai reine... Elle rit!.. En voilà une mal élevée! Décidément, j'aime mieux la brune... (Il se réveille.) Ah! je meurs de sommeil! — Vite, la fille! mon lit, que je dorme, ne fût-ce qu'une demi-heure.

PHILÉMATHÉE, jetant la couronne avec dépit. Votre lit est fait, monsieur. Dormez bien, ronflez bien, et rêvez que vous buvez du vin de Syracuse; rêvez que vous êtes amoureux; rêvez que vous avez beaucoup d'esprit; rêvez qu'on vous aime; rêvez que vous êtes heureux !

Elle tire les rideaux de l'alcôve et sort.

ÉCASTANDRE. « Dormez, rêvez! » Elle en parle à son aise! — Voyons d'abord comment mon lit est fait... (*Il regarde le lit.*) Ah bien, oui, que je dorme avec la tête si basse que ça! (*Il sonne vers la porte et crie.*) La fille! Garçon! un autre oreiller. — J'ai la tête trop basse! (*Il examine le lit.*) Et puis ce lit n'a pas été fait depuis six mois; je voudrais bien savoir ce qu'ils mettent dans leurs matelas. (*Il sonne.*) Garçon! la fille! un oreiller, que diable !

Il découd un matelas et en tire des copeaux et des morceaux de fagot qu'il apporte sur le devant de la scène.

Voilà qui est gentil ! (*Il sonne, la sonnette casse et lui reste dans la main.*) On ne viendra pas! c'est décidé ! — Je ne puis pourtant pas m'exposer à coucher la tête si basse. (*Il met sous l'oreiller les serviettes, le pain, les fourchettes.*) Encore ça, encore ça, à la bonne heure!

Ah! bien, j'oubliais. Et mon bonnet de coton. Bon! où est ma clef? Glissée dans la doublure de mon paletot? (Il cherche.) Un rhume est bien vite attrapé! — Ah! voici la clef. (Il ouvre sa malle.) Comme mon habit neuf est froissé! (Il le replie.) Ces domestiques! je voudrais en avoir pour les chasser! (Il met le bonnet de coton et ôte son paletot en disant.) Ah! que je suis fatigué et comme j'ai faim! — Quel voyage! quelle gargotte!

Il bâille; puis il ouvre son lit et y met une jambe; on frappe fortement à la porte.

SCÈNE X

ÉCASTANDRE, CHRONON, entrant avec trois voyageurs.

CHRONON. En voiture! les chevaux sont attelés, en voiture! Place aux autres voyageurs!

Il tire Écastandre hors du lit.

ÉCASTANDRE. Mais je n'ai pas reposé! mais je n'ai pas dîné! mais...

Philémathée et les autres voyageurs se mettent à table et se versent du vin de Champagne. Chronon entraîne Écastandre, qui prend ses habits à la hâte.

ÉCASTANDRE. Eh bien, on mange mon dîner? Vous me trompez! Ce n'est pas une gargotte, l'*auberge de la vie*, c'est une caverne!

Comment! le temps s'est déjà écoulé! Mais c'est un escamotage! Qu'est-ce donc que ce voyage! Qu'est-ce que cette auberge, dont on ne voit pas le maître? Qu'est-ce que ce terrible conducteur?

Chronon l'entraîne au dehors, ils disparaissent.

ÉCASTANDRE, rentrant, suivi de Chronon qui le prend au collet. Mais dites-moi au moins ce que veut dire la lettre M qui est sur l'enseigne.

Chronon l'entraîne tout à fait. Un voyageur, rôle muet, se met sur le lit.

PHILÉMATHÉE. Ils sont tous comme cela! ils n'ont qu'une heure ou deux pour aimer, boire et se reposer, et ils passent tous ce peu de temps à discuter sur l'amour, sur les vins et sur l'aubergiste, et à faire un lit sur lequel d'autres viendront dormir!

FIN.

CLICHY. — Imp. M. Loignon, et Cie, rue du Bas d'Asnières, n° 12.

www.ingramcontent.com/pod-product-compliance
Lightning Source LLC
Chambersburg PA
CBHW070457080426
42451CB00025B/2771